Die schönsten deutschen Aphorismen

Herausgegeben und mit
einem Nachwort versehen
von Philip Kovce

Insel Verlag

Insel-Bücherei Nr. 1461

Liebe:
Ich kann mir für dich nichts ausdenken;
es kann mir für dich nur etwas einfallen

Peter Handke

Georg Christoph Lichtenberg

Es tun mir viele Sachen weh, die andern nur leidtun.

Wer hört Entschuldigungen, wenn er Handlungen hören kann?

Es war ihm unmöglich, die Wörter nicht in dem Besitz ihrer Bedeutungen zu stören.

Was auf Shakespearisch in der Welt zu tun war, hat Shakespeare größtenteils getan.

Grade das Gegenteil tun, heißt auch nachahmen, es heißt nämlich, das Gegenteil nachahmen.

Zweifel muss nichts weiter sein als Wachsamkeit, sonst kann er gefährlich werden.

Die meisten Glaubenslehrer verteidigen ihre Sätze, nicht weil sie von der Wahrheit derselben überzeugt sind, sondern weil sie die Wahrheit derselben einmal behauptet haben.

Sympathie ist ein schlechtes Almosen.

Mäßigkeit setzt Genuss voraus, Enthaltsamkeit nicht. Es gibt daher mehr enthaltsame Menschen als solche, die mäßig sind.

Man wirft oft den Großen vor, dass sie sehr viel Gutes hätten tun können, das sie nicht getan haben. Sie könnten antworten: Bedenkt einmal das Böse, das wir hätten tun können und *nicht* getan haben.

Er las immer Agamemnon statt »angenommen«, so sehr hatte er den Homer gelesen.

Die gefährlichsten Unwahrheiten sind Wahrheiten mäßig entstellt.

Johann Wolfgang Goethe

Niemand ist mehr Sklave, als der sich für frei hält, ohne es zu sein.

Wenn ich irre, kann es jeder bemerken, wenn ich lüge, nicht.

Man würde einander besser kennen, wenn sich nicht immer einer dem andern gleichstellen wollte.

Eine falsche Lehre lässt sich nicht widerlegen, denn sie ruht ja auf der Überzeugung, dass das Falsche wahr sei. Aber das Gegenteil kann, darf und muss man wiederholt aussprechen.

Es gibt Personen, denen ich wohlwill und wünschte, ihnen besser wollen zu können.

Die Schönheit kann nie über sich selbst deutlich werden.

Sich subordinieren ist überhaupt keine Kunst; aber in absteigender Linie, in der Dekadenz etwas über sich erkennen, was unter einem steht!

Alles, was unsern Geist befreit, ohne uns die Herrschaft über uns selbst zu geben, ist verderblich.

Die Mängel erkennt nur der Lieblose; deshalb, um sie einzusehen, muss man auch lieblos werden, aber nicht mehr, als hierzu nötig ist.

Einer neuen Wahrheit ist nichts schädlicher als ein alter Irrtum.

Sage nicht, dass du geben willst, sondern gib! Die Hoffnung befriedigst du nie.

Wenn die Affen es dahin bringen könnten, Langeweile zu haben, so könnten sie Menschen werden.

Johann Gottfried Seume

Niemand ist vor den andern ausgezeichnet groß, wo die andern nicht sehr klein sind.

Wo ein einziger Mann den Staat erhalten kann, ist der Staat in seiner Fäulnis kaum der Erhaltung wert.

Faulheit ist Dummheit des Körpers, und Dummheit Faulheit des Geistes.

Aus Gefälligkeit werden weit mehr Schurken als aus schlechten Grundsätzen.

Wer den Tod fürchtet, hat das Leben verloren.

Was als Böses erscheint, ist meistens böse; aber was als Gutes erscheint, ist nicht immer gut.

Wo von innen Sklaverei ist, wird sie von außen bald kommen.

Die Kunst lebt im Zwielicht der Vernunft und ist immer eine Jugendtochter des Geistes. Solange der Geist in der Kunst lebt, ist er jung.

Sich amüsieren heißt etymologisch: die Muße loswerden. Amüsement wäre also das Vergnügen der Plattköpfe.

Das Wort *Herr*, von Mensch zu Mensch, ist kein Begriff. Man ist nur Herr, wo man unbedingt zwingen kann, und dieses liegt gar nicht in der menschlichen Natur.

Wer mehr als gewöhnlichen Respekt *verlangt*, verdient auch den gewöhnlichen nicht.

Es ist weit schwerer, die Wahrheit von seinen Freunden zu sagen als von seinen Feinden; und es gehört vielleicht mehr reiner Mut dazu, den Fehler eines Freundes freimütig zu rügen, als dem Dolch eines Feindes entgegenzugehen.

Jean Paul

Eine Ruine kann man wohl verdoppeln, aber nicht zerstören.

Die größten Städte und Genies sind unregelmäßig gebaut, voll Sackgassen und Paläste.

»Ich möchte alles für Sie tun, nur nicht Ihren Willen.«

Sein Gesicht ist eine Selbstrezension.

Es gibt ja weniger Köpfe als Hälse.

Man bringt bei der Heimkehr eine andere Meinung von sich und andern mit; aber diese kommen uns mit der alten entgegen.

Man sollte bei den Seinigen nachzählen, welche Fehler sie nicht haben, um die andern leichter zu vergeben.

Wer sich aussprechen kann, hat nicht viel auszusprechen.

Man kommt leichter zu jedem andern als zu sich.

Manche glauben, Gott existiere nur, damit sie erschaffen wurden.

Die Misanthropie im Alter ist weniger Hass gegen als Übersättigung mit Menschen.

Ein Selbstmörder ist ein Wilddieb.

Rahel Varnhagen von Ense

Man lernt spät lügen und spät die Wahrheit sagen.

Wer zu schonen versteht, der kann auch kränken; wer aber kränkt, versteht nicht auch zu schonen.

Denken ist Graben und mit einem Senkblei messen. Viele Menschen haben keine Kräfte zum Graben, auch andere keinen Mut und Gewohnheit, das Blei ins Tiefe sinken zu lassen.

Ich beneide keinen Menschen mehr als um Dinge, die niemand hat.

Unschuld ist schön; Tugend ist ein Pflaster, eine Narbe, eine Operation.

Immer dasselbe oder immer etwas anderes lieben, heißt beständig lieben. Nichts lieben können, ist unbeständig sein.

Es ist ganz einerlei, wie man ist, sobald man nicht sein kann, wie man will.

Eigenschaften sind keine Talente; sie müssen aber alle dazu gemacht werden können, sonst ist man noch gar nicht gebildet.

Wir machen keine neuen Erfahrungen. Aber es sind immer neue Menschen, die alte Erfahrungen machen.

Es kann nichts helfen, ein großes Schicksal zu haben, wenn man nicht weiß, dass man eines hat. Es hat ein jeder ein großes Schicksal, der da weiß, was er für eines hat.

Wir sind eigentlich, wie wir sein möchten, und nicht so, wie wir sind.

Ekel ist der grausamste Schmerz: Er setzt voraus, dass man seinen Gegenstand nicht loswerden kann.

Friedrich Schlegel

Nur durch Beziehung aufs Unendliche entsteht Gehalt und Nutzen; was sich nicht darauf bezieht, ist schlechthin leer und unnütz.

Lasst die Religion frei, und es wird eine neue Menschheit beginnen.

Nur derjenige kann ein Künstler sein, welcher eine eigne Religion, eine originelle Ansicht des Unendlichen hat.

Es ist der Menschheit eigen, dass sie sich über die Menschheit erheben muss.

Tugend ist zur Energie gewordene Vernunft.

Der Mensch ist ein schaffender Rückblick der Natur auf sich selbst.

Verbindet die Extreme, so habt ihr die wahre Mitte.

Moralität ohne Sinn für Paradoxie ist gemein.

Denke dir ein Endliches ins Unendliche gebildet, so denkst du einen Menschen.

Der Künstler, der nicht sein ganzes Selbst preisgibt, ist ein unnützer Knecht.

Mysterien sind weiblich; sie verhüllen sich gern, aber sie wollen doch gesehen und erraten sein.

Nur wer einig ist mit der Welt, kann einig sein mit sich selbst.

Novalis

Wir suchen überall das Unbedingte und finden immer nur Dinge.

Ganz begreifen werden wir uns nie, aber wir werden und können uns weit mehr als begreifen.

Das Höchste ist das Verständlichste, das Nächste, das Unentbehrlichste.

Der Mensch besteht in der Wahrheit. Gibt er die Wahrheit preis, so gibt er sich selbst preis. Wer die Wahrheit verrät, verrät sich selbst. Es ist hier nicht die Rede vom Lügen, sondern vom Handeln gegen Überzeugung.

Das Volk ist eine Idee. Wir sollen ein Volk werden. Ein vollkommener Mensch ist ein kleines Volk. Echte Popularität ist das höchste Ziel des Menschen.

Jeder geliebte Gegenstand ist der Mittelpunk eines Paradieses.

Mit Recht können manche Weiber sagen, dass sie ihren

Gatten in die Arme *sinken.* – Wohl denen, die ihren Geliebten in die Arme *steigen.*

Unser Geist ist Verbindungsglied des völlig Ungleichen.

Aller innere Sinn ist Sinn für Sinn.

Man ist allein mit allem, was man liebt.

Dem echt Religiösen ist nichts Sünde.

Wer Gott einmal suchen will, der findet ihn überall.

Friedrich Hebbel

Selbst im Fall einer Revolution würden die Deutschen sich nur *Steuer*freiheit, nie *Gedanken*freiheit zu erkämpfen suchen.

Weil die Deutschen wissen, dass die wilden Tiere frei sind, fürchten sie, durch die Freiheit zu wilden Tieren zu werden.

Ein König versicherte seinen Untertanen so lange, er sei liberal, bis sie sich erfrechten, es ihm zu *glauben*.

Die Bestialität hat jetzt Handschuh über die Tatzen gezogen! Das ist das Resultat der ganzen Weltgeschichte.

Eigensinn ist das wohlfeilste Surrogat für Charakter.

Alle Teilnahme an der Kunst beruht auf der Teilnahme an fremden Existenzen.

Der Mensch sollte sich selbst immer als ein Experiment der Natur betrachten.

Wäre mancher schon erschaffen gewesen, er hätte Gott bei der Schöpfung Rat erteilt.

Es gibt auch Spiegel, in denen man sehen kann, was einem fehlt.

Das Leben ist ein Traum, der sich selbst bezweifelt.

Echte Anschauungen sind nicht Gedanken, sondern Gedanken-Mütter.

Der Mensch will brutto geliebt werden, nicht netto.

Marie von Ebner-Eschenbach

Ein Urteil lässt sich widerlegen, aber niemals ein Vorurteil.

Die Konsequenzen unserer guten Handlungen verfolgen uns unerbittlich und sind oft schwerer zu tragen als die der bösen.

Es würde viel weniger Böses auf Erden getan, wenn das Böse niemals im Namen des Guten getan werden könnte.

Ein Gedanke kann nicht erwachen, ohne andere zu wecken.

Manche Leute wären frei, wenn sie zu dem Bewusstsein ihrer Freiheit kommen könnten.

Echte Propheten haben manchmal, falsche Propheten haben immer fanatische Anhänger.

Der Egoismus glücklicher Menschen ist leichtsinnig, seiner selbst unbewusst. Der Egoismus unglücklicher

Menschen ist verbissen und von seinem Recht zu bestehen überzeugt.

Feuer läutert, verdeckte Glut frisst an.

Frieden kannst du nur haben, wenn du ihn gibst.

Die glücklichen Sklaven sind die erbittertsten Feinde der Freiheit.

Geistlose kann man nicht begeistern, aber fanatisieren kann man sie.

Schaffen führt zum Glauben an einen Schöpfer.

Friedrich Nietzsche

Der Asket. – Der Asket macht aus der Tugend eine Not.

Bosheit ist selten. – Die meisten Menschen sind viel zu sehr mit sich beschäftigt, um boshaft zu sein.

Verdächtigen. – Menschen, welche man nicht leiden kann, sucht man sich zu verdächtigen.

Nicht gewachsen. – Das Gute missfällt uns, wenn wir ihm nicht gewachsen sind.

Gefahr der Sprache für die geistige Freiheit. – Jedes Wort ist ein Vorurteil.

Ende und Ziel. – Nicht jedes Ende ist das Ziel. Das Ende der Melodie ist nicht deren Ziel; aber trotzdem: hat die Melodie ihr Ende nicht erreicht, so hat sie auch ihr Ziel nicht erreicht. Ein Gleichnis.

Aus einer Disputation. – A: Freund, Sie haben sich heiser gesprochen! – B: So bin ich widerlegt. Reden wir nicht weiter davon.

Meister und Schüler. – Zur Humanität eines Meisters gehört, seine Schüler vor sich zu warnen.

Aus dem Paradiese. – »Gut und Böse sind die Vorurteile Gottes« – sagte die Schlange.

Was ist das Siegel der erreichten Freiheit? – Sich nicht mehr vor sich selber schämen.

»Wo der Baum der Erkenntnis steht, ist immer das Paradies«: so reden die ältesten und die jüngsten Schlangen.

Was aus Liebe getan wird, geschieht immer jenseits von Gut und Böse.

Rosa Mayreder

Glücklich sein bedeutet, in seinen Lebensbedingungen sich selbst bestätigt zu finden.

Nur für die Wirkenden hat das Leben Wirklichkeit.

Ohne Selbstbeherrschung gewinnt man keine äußere Kultur, ohne Selbstüberwindung keine innere.

Sich nicht beirren lassen, zeigt das Maß der persönlichen Kraft, sich nicht beeinflussen lassen, das des persönlichen Starrsinns.

Wo ein höherer Wille etwas Gesetzmäßiges überschreitet, da ist Größe.

Zum Menschenverächter braucht man bloß scharfen Verstand – zum Menschenfreund ein großes Herz.

Die Fehler eines Menschen bilden keinen Einwand gegen ihn, wenn sie die Schattenseiten seiner Vorzüge sind.

Weil Du schlecht hörst, glaubst Du, Deine Kette klirre nicht.

Dass man die Fehler seiner Vorzüge nicht Herr über sich werden lässt, gehört zur Kunst, mit sich selbst auszukommen.

Manche Menschen besäßen weniger Charakter, wenn sie mehr Verstand hätten.

Der geistige Rang eines Menschen verrät sich am deutlichsten in der Wahl seiner Gegner.

Jeder Gott wird zum Götzen, wenn man ihn über seinen Rang erhebt.

Arthur Schnitzler

Wenn du vor den Altar der Wahrheit trittst, so wirst du dort viele auf den Knien finden. Doch auf dem Wege dahin wirst du immer allein gewesen sein.

Dies verrät den Unbedeutenden immer wieder: dass er sich, wenn das Schicksal schon alle Mühe aufwandte, ihn zur Individualität zu gestalten, doch um jeden Preis in den Typus hineinzuretten weiß.

Eine sogenannte Halbwahrheit, sie mag sich aufspielen, wie sie will, wird niemals eine ganze Wahrheit werden. Ja, wenn wir ihr nur scharf genug ins Auge sehen, so ist sie immer eine ganze Lüge gewesen.

Die reinigende Kraft der Wahrheit ist so groß, dass schon das Streben nach ihr ringsum eine bessere Luft verbreitet; die zerstörende Macht der Lüge so furchtbar, dass schon die Neigung zu ihr die Atmosphäre verdunkelt.

Auch *das* ist die Lüge, und oft die Kläglichste von allen: sich anzustellen, als wenn man einem Lügner seine Lüge glaubte.

Ich traue den Enthusiasten nicht, die von ihrer Fähigkeit, sich zu begeistern, gerade so sehr oder noch tiefer ergriffen sind, als von dem Gegenstand, für den sie sich begeistert haben.

Unter der Bewunderung, die ein Jünger seinem Meister zollt, verbirgt sich oft und nicht immer unbewusst die Genugtuung über dessen Schwächen, durch die er sich ihm verwandt, seine eigenen gerechtfertigt und sich weiterer Beweisführung zur Legitimation seiner Jüngerschaft enthoben fühlt.

Keinen Anlass zur Lüge haben, heißt noch nicht: aufrichtig sein.

Jeder Versuch, eine Idee praktisch bis in ihre letzte Konsequenz durchzuführen, ist ein Beweis, dass man sie selber nicht ganz verstanden hat.

Wie man von der Hand in den Mund lebt, so kann man auch vom Geist in die Seele denken und von der Seele in den Geist fühlen.

Im Geistigen kann es niemals Hass geben, sondern nur Gegensätze; und auch die sind noch fruchtbar.

Als Irrender sollst du deine Irrtümer begehen, nicht als Wissender: sonst bist du nur ein Geck deines Irrtums!

Christian Morgenstern

Wer die Welt nicht von Kind auf gewohnt wäre, müsste über ihr den Verstand verlieren. Das Wunder eines einzigen Baumes würde genügen, ihn zu vernichten.

Wie viel wird um Brot und wie wenig als Brot geschrieben.

Flucht aus der Gegenwart ist nur Unzufriedenheit mit meiner Gegenwart. Denn eine andre Vergangenheit, Gegenwart und Zukunft als mich gibt es für mich nicht.

Wer tief ist, muss sich schämen, sich so zu zeigen.

Alle Dinge haben zwei Seiten, die simple und die unerschöpfliche.

Man müsste sein Ich nicht immer mit sich identifizieren, sondern wie eine Mutter ihr Kind behandeln.

Es ist schmerzlich, einem Menschen seine Grenze anzusehen.

Manche Menschen machen sich vor andern so klein wie möglich, um - größer als diese zu bleiben.

Lebendiger Irrtum ist besser als tote Wahrheit.

Alles Denken ist wesentlich optimistisch. Der vollendete Pessimist würde verstummen und - sterben.

Gott ist das gärende Prinzip. Gott erschafft sich selbst fortwährend.

Nicht nur Fortdauer - *Ziel*dauer.

Hugo von Hofmannsthal

In jedem Menschen wohnt eine eigene Unschuld.

Man muss im Ganzen an jemanden glauben, um ihm im Einzelnen wahrhaft Zutrauen zu schenken.

Gelten lassen ist schwerer, als sich begeistern.

Der Tröster prahlt leicht.

Übereinstimmung ohne Sympathie gibt ein widerwärtiges Verhältnis.

Des Menschen Alter, von innen gesehen, ist ewige Jugend.

Gott sagte: Ich war ein Schatz, den niemand kannte, und wollte bekannt werden. Da schuf ich den Menschen.

Die Welt will einen jeden aus ihm selbst herausreißen und wieder zu ihm selbst bringen.

Reifer werden heißt schärfer trennen, inniger verbinden.

Das Tiefe muss man verstecken. Wo? An der Oberfläche.

Das Anthropozentrische ist auch eine Art von Chauvinismus.

Jedes wirkliche Kunstwerk ist der Grundriss zum einzigen Tempel auf Erden.

Karl Kraus

Nicht alles, was totgeschwiegen wird, lebt.

Wer Meinungen von sich gibt, darf sich auf Widersprüchen nicht ertappen lassen. Wer Gedanken hat, denkt auch zwischen den Widersprüchen.

Ansichten pflanzen sich durch Teilung, Gedanken durch Knospung fort.

Es gibt Wahrheiten, durch deren Entdeckung man beweisen kann, dass man keinen Geist hat.

Die wahre Treue gibt eher einen Freund preis als einen Feind.

Eine Notlüge ist immer verzeihlich. Wer aber ohne Zwang die Wahrheit sagt, verdient keine Nachsicht.

Gute Ansichten sind wertlos. Es kommt darauf an, wer sie hat.

Eine der verbreitetsten Krankheiten ist die Diagnose.

Je näher man ein Wort ansieht, desto ferner sieht es zurück.

Es ist gut, vieles für unbedeutend und alles für bedeutend zu halten.

Am Ursprung gibt's kein Plagiat.

Geduld, ihr Forscher! Die Aufklärung des Geheimnisses wird durch dieses selbst erfolgen.

Hans Albrecht Moser

Der Tod wirkt auf die Anschauung immer als Ausnahme. Darauf beruht zum Teil seine erschütternde Wirkung.

Der im Leben Zurechtgekommene ist immer konservativ.

Um den Unentschlossenen sammeln sich die Ratgeber wie die Raben um das Aas.

Durch Aussprache einer sich zuspitzenden Lage rechtzeitig die Spitze abbrechen.

Indem Du schlecht über einen denkst, verhinderst Du, dass er gut zu Dir ist.

Energieverschwendung. Wer mehr scheinen will, als er ist, arbeitet für zwei: für den, der er ist, und für den, als der er scheinen will.

Du hast nicht recht, Du hast mich bloß widerlegt.

Je tiefer wir einen Menschen verstehen, desto unbestimmter sagen wir über ihn aus.

In der Liebe setzen wir uns zum andern in eine vom Standpunkt unabhängige Beziehung.

Je weniger sich Menschen zu sagen haben, desto weniger können sie miteinander schweigen.

Jeder Gedanke ruft mit der Zeit seine Gegengedanken hervor, die das zum Ausdruck bringen, was er, damit er überhaupt hat zustande kommen können, übersehen musste.

Ich glaube an kein Diesseits.

Franz Kafka

Der wahre Weg geht über ein Seil, das nicht in der Höhe gespannt ist, sondern knapp über dem Boden. Es scheint mehr bestimmt stolpern zu machen, als begangen zu werden.

Alle menschlichen Fehler sind Ungeduld, ein vorzeitiges Abbrechen des Methodischen, ein scheinbares Einpfählen der scheinbaren Sache.

Eines der wirksamsten Verführungsmittel des Bösen ist die Aufforderung zum Kampf. Er ist wie der Kampf mit Frauen, der im Bett endet.

Ein Käfig ging einen Vogel suchen.

Lass Dich vom Bösen nicht glauben machen, Du könntest vor ihm Geheimnisse haben.

Du bist die Aufgabe. Kein Schüler weit und breit.

Vom wahren Gegner fährt grenzenloser Mut in Dich.

Die Hintergedanken, mit denen Du das Böse in Dir aufnimmst, sind nicht die Deinen, sondern die des Bösen.

Im Kampf zwischen Dir und der Welt sekundiere der Welt.

Wenn das, was im Paradies zerstört worden sein soll, zerstörbar war, dann war es nicht entscheidend; war es aber unzerstörbar, dann leben wir in einem falschen Glauben.

Der Geist wird erst frei, wenn er aufhört, Halt zu sein.

Das Böse ist manchmal in der Hand wie ein Werkzeug, erkannt oder unerkannt, lässt es sich, wenn man den Willen hat, ohne Widerspruch zur Seite legen.

Ludwig Wittgenstein

Wie kann man durch Denken die Wahrheit lernen? Wie man ein Gesicht besser sehen lernt, wenn man es zeichnet.

»Warum verlangst du Erklärungen? Wenn diese gegeben sein werden, wirst du ja doch wieder vor einem Ende stehen. Sie können dich nicht weiterführen, als du jetzt bist.«

Die Idee vom Denken als einem Vorgang im Kopf, in dem gänzlich abgeschlossenen Raum, gibt ihm etwas Okkultes.

Das Schicksal steht im Gegensatz zum Naturgesetz. Das Naturgesetz will man ergründen und verwenden, das Schicksal nicht.

Der Widerspruch ist nicht als Katastrophe aufzufassen, sondern als eine Mauer, die uns anzeigt, dass wir hier nicht weiterkönnen.

Wenn wir einen Chinesen hören, so sind wir geneigt, sein Sprechen für ein unartikuliertes Gurgeln zu halten. Einer, der Chinesisch versteht, wird darin die *Sprache* erkennen. So kann ich oft nicht den *Menschen* im Menschen erkennen.

Man kann die Menschen nicht zum Guten führen; man kann sie nur irgendwohin führen. Das Gute liegt außerhalb des Tatsachenraums.

Die Werke der großen Meister sind Sonnen, die um uns her auf- und untergehen. So wird die Zeit für jedes große Werk wiederkommen, das jetzt untergegangen ist.

Eine Beichte muss ein Teil des neuen Lebens sein.

An meinem Denken, wie an dem jedes Menschen, hängen die verdorrten Reste meiner früheren (abgestorbenen) Gedanken.

Revolutionär wird der sein, der sich selbst revolutionieren kann.

Die Wehen bei der Geburt neuer Begriffe.

Kurt Tucholsky

Sie hörten nicht zu, wie wenn Aufmerksamkeit ein kostbares Kapital wäre, durch das man einen anderen nicht bereichern dürfte.

Der Spiegel bestätigt.

Der Faule: »Ich habe die Erfahrung gemacht, dass ich durch mein persönliches Eingreifen meine Geschäfte nur verderbe.«

Ich möchte lieber mit mir befreundet als ich selbst sein.

Er hat sich eine Niederlage erstritten.

Mein Weltbild ist mir fast von der Wand gefallen.

Sentimentalität ist keine Güte.

Er lebte in einer Zeit, in der er auch mit den Gegnern seiner Feinde nichts anzufangen wusste. (Die Gegner meiner Feinde sind nicht meine Freunde.)

Wenn Christus heute wiederkäme, würde man ihn nicht kreuzigen. Man würde ihn interviewen.

Er ging leise aus dem Leben fort, wie einer, der eine langweilige Filmvorführung verlässt, vorsichtig, um die andern nicht zu stören.

Wegen ungünstiger Witterung fand die deutsche Revolution in der Musik statt.

Das deutsche Schicksal: vor einem Schalter zu stehen. Das deutsche Ideal: hinter einem Schalter zu sitzen.

Friedrich Georg Jünger

Die Sprache ist kein Mittel des Geistes, sie ist Geist. Wer sie als Mittel handhabt, ist geistlos.

Je wörtlicher ich das Wort nehme, desto eigentlicher nehme ich es. Ich schränke seinen Gebrauch ein, aber ich mache es tüchtig für seinen eigentlichen Gebrauch.

Identifizierungen schaffen mehr Leben als Vergleiche.

Gute Gedanken stützen einander.

Wer nach Grundsätzen verfährt, ist kalt. Wer einer Theorie folgt, ist grausam.

Indem er ihn lobte, verspeiste er ihn.

Man denkt keinen Gedanken, ohne ihm nicht einen anderen aufzuopfern.

Es dauerte lange, bis ich den Begriffen ansehen konnte, wo sie stehlen gingen.

Die Toten scheinen so geduldig, dass wir uns über ihre Kraft oft täuschen. Wir springen nach unserem Belieben mit ihnen um, weil sie auch unseren Missgriffen und Irrtümern mit Schweigen begegnen. So springen wir mit allem Vergangenen um. Wir sind ihm gegenüber so leichtfertig wie gegenüber der Zukunft.

Das Werdende hat immer den Anschein des Gesetzlosen.

Erkenntnis ist immer Berührung. Die Unberührbaren berühren nichts.

Jeder Anfang hat auch noch einen Ursprung, aber der Ursprung hat nie einen Anfang.

Hans Kudszus

Wer Gedanken liebt, wiederholt sich. Wer das Denken liebt, widerspricht sich.

Lieben heißt auch: Den anderen gegen ihn verteidigen.

Der Mensch ist das einzige Wesen, das sich selber nicht gewachsen ist.

Eine Erkenntnis, die mir zum Schicksal wird, ist unwiderlegbar.

Gott lässt sich suchen; der Teufel lässt sich finden.

Wenn das Gute sich des Bösen bedient, dient das Böse noch nicht dem Guten.

Hass macht böse; auch der Hass gegen das Böse.

Gedanken »reifen« nicht; nur unser Mut zu ihnen.

Wer nicht an den Irrtum glaubt, verleugnet die Wahrheit.

Ein Gedanke legitimiert den Denker. Niemals dieser jenen.

Sokrates trank den Giftbecher; Sokratiker trinken Tee.

Was wir verstehen, glauben wir nicht mehr.

Ludwig Hohl

Der das Gute tut, um Lohn zu bekommen, ist ebenso verloren, oder noch mehr, wie der, der das Schlechte tut, um sich selber zu belohnen. Der zweite ist kurzsichtig, der erste ist ein Narr.

Und zuletzt glaube ich immer noch an eines: an die Welt. DIE WELT IST DIE GRÖSSTE ALLER PERSÖNLICHKEITEN.

Alles Gute geschieht nur durch die Not, das heißt die Freiwilligkeit, nicht durch den Zwang, das heißt die Nötigung.

Wer etwas erkannt hat und sich davor zurückhält, der tötet.

Was schon viele Male gesagt worden ist, kann man noch unzählige Male wiedersagen; man darf es nur kein einziges Mal nachsagen; da liegt der Unterschied.

Das Wunder sitzt nicht im äußern Zufall, sondern in der Kraft eines Verhaltens.

Wahre Tätigkeit schützt sich selbst vor Überhebung.

Alle Geistesarbeiter arbeiten immer auf Kredit.

Es darf nichts, was du tust, Vorbereitung sein.

Alles, was du bist, wirst du einst sein.

EIN GUTES TUN. Das, was man selber nicht braucht, was aber ein anderer, der anders ist, braucht, als notwendig erkennen können.

Es gibt viele unklare Dinge; aber unter allen klaren ist die Liebe eines der klarsten.

Elias Canetti

Zwischen Erleben und Urteilen ist ein Unterschied wie zwischen Atmen und Beißen.

Wenn du allein wärst, würdest du dich in zwei schneiden, damit der eine Teil den anderen formt.

Der wahrhaft vornehme Arzt, der für jeden seiner Patienten eine neue Krankheit erfindet.

Ich will mich so lange zerbrechen, bis ich ganz bin.

Einer, der sich nach Hause nur verirren kann. Er muss jedes Mal einen *anderen* Weg hinfinden.

Man muss auch *sinnlos* geben können, sonst verlernt sich das Geben.

Er ist den Betrachtern verfallen. Wenn er ihre Augen auf sich fühlt, wird er zu allem, was sie sehen.

Man kennt den Menschen, der einem gestorben ist, alle Lebenden verkennt man.

Was dich an jedem Tier erschüttert, ist deine Unerreichbarkeit. Es könnte dich vielleicht essen, doch nie erschöpfen.

Der Kleinliche: statt sich dem Tod zu stellen, mäkelt er am Alter herum.

Einzeln sein, aber nicht für sich.

Was bleibt, bestimmst nicht du. Versuche nicht, es zu bestimmen.

Herbert Eisenreich

Willst du groß werden, tritt auf dein Unglück!

Der Pinsel malt sich aus, er sei das Gemälde.

Der Hass schwächt auch physisch. Er macht nicht stark, bloß rabiat.

Das falsche Wissen macht höchstens dumm, die falschen Gewissheiten machen böse.

Freiheit und Notwendigkeit haben nichts gemeinsam außer den Gegensatz: die Beliebigkeit.

Dummheit ist die Diskrepanz zwischen dem intellektuellen und dem existenziellen Status.

Die Habgier hat einen introvertierten Appetit: sie frisst den, der sie hat.

Man kommt sich gut vor für das, was man andern nicht angetan hat.

Der Arzt kann nur solche Krankheiten heilen, an denen zu leiden er selber bereit ist.

Was man bei andern für ihren Gesichtsausdruck hält, ist oft nur der Eindruck, den man auf sie gemacht hat.

Mich zu entschuldigen ist mir nie schwergefallen, nur weiß ich bis heute nicht, wie mich entschämen.

Wissen ist das, was ich habe, Erkenntnis das, was ich bin.

Martin Walser

Wenn ein anderer tut, was ich gern getan hätte. Wie ich es verurteile, wenn es ein anderer tut.

Du gehörst nicht zu denen, zu denen du dich zählst. Wo du angetroffen wirst, dahin gehörst du.

Etwas zugeben heißt, es propagieren.

Ich hätte mich nicht zurücklehnen dürfen. Jetzt kann ich mich nicht mehr aufrichten.

Wir feiern die Folge wie einen Sinn.

Transzendenz, die wirkliche Erbsünde. Säkularisiert tritt sie auf als Universalismus.

Wer sich gegen Schuld nicht wehrt, empfindet sie nicht.

Außer im Moralischen herrscht in allem Notwendigkeit. Das muss am Moralischen liegen.

Der Überfluss will andauernd von dem ablenken, was er ist.

Wenn du ausweichst, verfolgt dich das, wovor du ausweichst.

Ich kann mich hoffentlich nicht auf mich verlassen.

Wir wissen mehr, als nötig wär', um gut zu sein.

Gabriel Laub

Er verzichtet auf Gedanken, nicht aber darauf, sie durchzusetzen.

Kreativität: Logik, die Mut hat.

Je grauer die Praxis des Lebens, umso mehr grünt der Baum der Theorie.

Aufgabe der Ideologie: Die Selbstaufgabe des Menschen.

Die Dogmatiker sind sonderbare Hyänen. Sie nähren sich vom Aas der Gedanken, die sie selbst getötet haben.

Er setzte sich das eigene Gesicht auf, um seine Maske zu maskieren.

Feige sind die anderen. Ich bin besonnen.

Starke Verbündete gibt es nicht. Die Starken lassen sich nicht binden.

Losungen sind das Gegenteil von Lösungen.

Die Sklaverei kann man abschaffen. Aber wie schafft man die Sklaven ab?

Sind industriell vorfabrizierte Meinungen ein Fortschritt?

Wer etwas verstehen will, muss verstehen wollen.

Elazar Benyoëtz

Wer sich für einen Weg entschieden hat, ist schon ein Stück von ihm. Er geht in sich.

Sobald dir deine Freiheit zum Maßstab wird, bist du gefangen.

Man denkt darüber und versteht darunter.

Was man falsch findet, hat man falsch gesucht.

Meinen – wörtlich; denken – buchstäblich.

Alles Unfruchtbare altert ohne Reife.

Was nicht von dieser Welt, ist nur in dieser.

Die Tat geht in der Leistung unter.

Das Gute / wird sich ähnlich, / das Böse bleibt sich gleich

Ich bin des Ganzen / bruchteilhaftig

Wahrheit hat immer / alle Wahrscheinlichkeit / gegen sich

Was getan werden muss, / wird auch ohne Müssen / getan

Rainer Malkowski

Wir wissen mehr, als wir zu erkennen vermögen.

Dass wir alle gleich sind, macht die Unterschiede so wichtig.

Wenn der Einzelne nichts vermag, warum verändert sich dann das Ganze?

Der Unterschied zwischen dir und mir bin ich.

Ein Toter belebt das Gespräch.

Niemand ist zu hässlich, um Narzisst zu sein.

Wenn das Wort »Seele« stirbt, was bleibt dann von ihr selbst?

Manche Gelegenheit nimmt man am besten wahr, indem man sie auslässt.

Sie würden mir sehr helfen, wenn Sie es nicht versuchten.

Mitleid schrumpft mit der Entfernung.

Gar nichts tun schafft keiner.

Der Triumph der Einfachheit ist Evidenz.

Jacques Wirion

Die überlieferten Gedanken dem Denken ausliefern.

Wer die Wahrheit besitzt, soll sie für sich behalten.

Am Glauben stört mich, dass er verspricht, was die Hoffnung erwartet.

Jemanden ganz durchschauen: das eigene Vorurteil abrunden.

Der Hass auf das Böse hat ein beängstigend gutes Gewissen.

Wer schlecht hört, spricht umso lauter.

Das beste Mittel gegen Ich-Sucht: Ich-Suche.

Aus seinen früheren Fehlern lernte er, die späteren besser zu verbergen.

Die Tradition ist das Argument der Zeit.

Was gut für uns ist, wissen die anderen immer besser.

Wer mich immer nur bestätigt, hält mich klein.

Weisheit ist keine Frucht des Alters, sondern des Denkens.

Botho Strauß

Es ist besser, nichts von der Welt zu wissen, als zu viel von ihr, das man nicht selbst erfuhr.

Wer aus dem Nichtverstehen des Ganz Anderen zurückkehrt, wird auch den anderen, den Menschen seiner Umgebung, mit größerem Nichtverstehen ehren. Er wird sich seiner allzu schlüssigen Menschenkenntnis schämen.

Vielleicht gibt es eines virtuellen Tages eine Scheu vor der gegenständlichen Welt. Die Dinge verfallen dann in ihrer Dinglichkeit. Sie werden uns immer anonymer, zuerst ungreifbar, dann unbegreiflich.

Die Dinge raten den Menschen: Werdet nicht wie wir (*sicut materia*)! Gehöret nie zu uns! ... Helle, schöne Dinge sind es, die auch mal eine Lippe riskieren ...

Die Verbindungen haben das Verbundensein unterbrochen.

Was uns verführt, ist der Mensch in der Weile, nicht im

Geschehen. Das Geschehen macht ihn opak, die Weile durchsichtig.

Ist nicht alles wie nie?

Ich habe nie mitten im Leben gestanden. Wo mag das sein?

Das Jetzt ist roh. Erst den gut abgehangenen Tag möchte man kosten.

Widerwille übertrifft Willen. Widerwille besitzt keinen.

Das Paradox des intimen Textes ist seine Verwandlung in ein undurchsichtiges Textil, das des Autors Blöße bedeckt.

Der Mangel an Instinkt für Unsagbares kann den besten Satz ruinieren.

Peter Sloterdijk

Evolution über Nacht. Als Affe zu Bett gehen, als Mensch aufwachen.

Der Raum ist nur ein Mittel, zu verhindern, dass sich alles an derselben Stelle befindet.

Bescheidenheit, eine Art und Weise, unter der egalitären Asche die elitäre Glut zu hüten.

Das aufrührerische Korn denkt, es verändert die Mühle, wenn es sich von ihr zermahlen lässt.

Leben und über seine Verhältnisse leben sind Synonyme.

Du hast eine Mission? Oder nur eine tragbare Illusion?

Was man Geistesgeschichte nennt, beruht auf der Illusion der Rückwärtskompatibilität von Ideen.

Mit den Spiegeln kommen die Selbstbildleiden. Vor ihnen lernt der Mensch, sich zu missfallen.

Solange man sich stark fühlt, hört man auch über verdiente Komplimente hinweg. In der Schwäche lässt man die sinnlosesten Schmeicheleien auf sich wirken.

Glück ist ein lokales Phänomen; wer es generalisieren möchte, zerstört es.

Das Elend der Zeugen: Sie würden so gern sehr viel mehr beschwören, als sie gesehen haben.

Unglücklicher als der gefallene ist der altgewordene entfiederte Engel.

Franz Josef Czernin

expression: wenn man von dem, was man denkt, ausgedrückt wird.

alles, was man über sich selbst sagt, wird sogleich zu nichts anderem als zu einem symptom.

gesetz: je aufmerksamer man ist, desto weniger nützlich ist man.

moral: sich selbst beschreiben heißt, ein gesetz über sich aufstellen.

was an einer wissenschaft sprachlos bleibt, ist das, was ihre wahrheiten glaubwürdig macht.

ich bin nur insofern, als du nicht sagen kannst, was ich bin.

zusammengesetzt sein: nicht nur aus sich selbst bestehen.

ikone: mein körper ist das zeichen, dessen sinn ich selbst bin.

was ich kann, ist das, was ich bin, wenn ich nichts muss.

erkennen: alles so wahrnehmen, wie es sich selbst wahrnimmt.

was du dir verbergen musst, um du selbst zu sein, ist das, was dich anderen zeigt.

erinnern: ein versuch, zweimal dasselbe zu erfahren.

Martin Seel

Kontemplation verlangt Zerstreuung.

Aus der Angst, ungerecht zu sein, gehen viele Ungerechtigkeiten hervor.

Laster ist Verbissenheit in die eigene Art.

Eine Rettung der Phänomene ohne Verrat an den Kräften, deren Blüte sie sind. Eine Untersuchung der Welt ohne Verrat an unserem Verständnis von ihr.

Nur Fühlende haben ein Interesse am Messen: Sie wollen es genauer wissen. Nur Messende haben ein Interesse am Fühlen: Sie wollen es genauer wissen.

Jedes Leiden schafft Genüsse eigener Art.

Auch wenn wir uns als unfrei denken, denken wir uns als denkend und darin als frei.

Wer sich wundern kann, braucht keine Wunder. Wer bewundern kann, muss die Knie nicht beugen.

Die Dinge entwickeln sich nur so, wie ich es will, wenn sie sich nicht so entwickeln, wie ich es wollte.

Wäre ich nicht umgeben von Möglichkeiten, die nicht die meinen sind, könnte ich meine nicht wahrnehmen und hätte selbst keine.

Wer Geschmack nur am eigenen Geschmack findet, hat ihn noch nicht.

Navigationssysteme bringen einen nicht dahin, wo man hätte sein können.

Andreas Steffens

Hat man je bedacht, ob nicht eher die armen Säue vor den Perlen in Schutz genommen werden müssen?

Karfreitag anthropologisch –: Der sich vergöttlichende Mensch muss den Mensch gewordenen Gott in sich töten, um zu sich selbst erlöst zu werden.

Das Neue gibt es nicht – so lange, bis es sich begibt.

Gegen Menschen helfen nur Menschen.

Wer die Sprache beim Wort nähme, verstünde nicht eines.

Man darf nichts werden *wollen*. Aber man muss bereit sein, alles zu werden –: dann wird man, der man ist.

Wer Phantasie hat, hat keine Phantasien. Phantasten können sich nichts vorstellen.

Nur wer das Böse nicht ausschließt, findet das Gute.

Jedes Verbrechen geschieht aus Weltangst. Wer seinen

Platz in der Welt nicht hat, muss einen anderen aus ihr verdrängen, um einen besetzen zu können.

Dem Vertriebenen fehlt nicht das Wasser; ihm fehlt die Quelle.

Liebe meidet den Unfreien. Sie verabscheut die Bedürftigkeit. Geliebt findet sich nur, wer der Liebe nicht bedarf.

Frei ist, wer die Zwänge, denen er unterliegt, selbst bestimmt.

Stefan Brotbeck

Die Würde des Menschen ist sein Konjunktiv.

Was du wirklich willst, erinnert dich nicht ständig daran.

Wonach einer sucht, das findet einen.

Was dich vereinnahmt, will dich los sein.

Die Möglichkeiten stehen nicht am Anfang, sie kommen *mit* ihm.

Selbstkritik hat fast immer etwas »Besserwisserisches«.

Es gibt vielleicht eine Methode, Fragen zu stellen, aber keine, welche zu haben.

Moralische Striemen – Spuren von Ratschlägen?

Was ich nur in Kauf nehme, macht mich ärmer.

Wer nicht mitblökt, ist für Schafe bereits ein Wolf. Aber

wahr ist auch: Ein Wolf lässt alle belämmert aussehen, die nicht mitreißen.

Wirklich originell ist nicht die Idee, sondern die Tat, die sie erkennt.

Der Gegensatz zwischen Gut und Böse fällt in das Gute selbst. Das Gute ist das Licht, das sich selbst und seine Abwesenheit sichtbar macht.

Tobias Grüterich

Das Böse lässt sich nicht bestechen. Es bleibt böse.

Die Voraussetzung behauptet, sie sei bereits bewiesen.

Ein Sklave nutzt jede freie Minute.

Wäre ich der, der ich bin – wären die anderen dann noch die, die sie sind?

Man darf die Welt nur heimlich retten.

Ziel der Mittelmäßigen: das Zweckmäßige.

Gehört der Fehler seinem Urheber oder seinem Entdecker?

Je freier eine Gesellschaft, desto verschämter ihre Verlierer.

Freunde wissen, was ich alles falsch, Feinde, was ich alles richtig gemacht habe.

Erwachsene tun Dinge, die sie nicht wollen, freiwillig.

Zweifel verträgt keine Begründung.

Alles, was mir gelang, hätte ich so gar nicht wollen können.

Aphorismen über Aphorismen

Ein Aphorismus ist der letzte Ring in einer langen Gedankenkette.
Marie von Ebner-Eschenbach

Der Aphorismus deckt sich nie mit der Wahrheit; er ist entweder eine halbe Wahrheit oder anderthalb.
Karl Kraus

Aphorismen sind oft verspätet eingetroffene Schlagfertigkeiten.
Hans Albrecht Moser

Jeder Aphorismus ist das Amen einer Erfahrung.
Hans Kudszus

Die großen Aphoristiker lesen sich so, als ob sie alle einander gut gekannt hätten.
Elias Canetti

Ein Aphorismenbuch ist ein Fundbüro für verlorene Fäden.
Herbert Eisenreich

Aphorismen: Die Schlüsselsätze von Texten, die nicht geschrieben wurden.
Gabriel Laub

Ein guter Aphorismus ist von erschöpfender, ein schlechter von ermüdender Kürze.
Elazar Benyoëtz

Das Schweigen geht einen Kompromiss mit der Sprache ein: ein Aphorismus.
Jacques Wirion

Der Aphorismus behandelt das Offenbare als zu lüftendes Geheimnis.
Andreas Steffens

Die aphoristische Proportion: Je unverbundener, desto verbindlicher.
Stefan Brotbeck

Aphorismen, die voneinander wissen, ähneln sich nie.
Tobias Grüterich

Nachwort

Wer ein Buch mit Aphorismen gleich welchen Autors aufschlägt, der wird früher oder später auf Aphorismen stoßen, die vom Aphorismus handeln. Während Gedichte kaum je das Gedicht, Romane selten den Roman und Essays überwiegend nicht den Essay als solchen zum Gegenstand haben, thematisiert eine nicht unbeträchtliche Anzahl von Aphorismen sich selbst. Diese Selbstbezüglichkeit ist keineswegs einem Mangel an Stoff geschuldet, worüber sich aphoristisch schreiben ließe. Sie verdankt sich vielmehr einem Reichtum an Erklärungsmöglichkeiten und einer andauernden Erklärungsbedürftigkeit der aphoristischen Form, die sich anmaßt, einen einzelnen Satz, ja manchmal sogar ein einzelnes Wort als Werk gelten zu lassen. Mit dieser sprachlichen Kürze aphoristischer Werke korrespondiert die gedankliche Weite ihres Selbstverständnisses.

Dass Aphorismen dafür geeignet, ja geradezu dazu prädestiniert sind, nicht nur von der Welt, sondern auch von sich selbst Rechenschaft abzulegen, hängt nicht zuletzt damit zusammen, dass sie Sprache und Denken, Poesie und Philosophie gleichermaßen nahestehen bzw. auf deren Nähe verweisen. Wortgeschichtlich aus dem Altgriechischen stammend (*aphorismós*

= Unterscheidung, Absonderung, Bestimmung), blickt der Aphorismus auf eine Tradition zurück, die ebenso literarisch wie philosophisch geprägt ist. Während seine antiken Wurzeln medizinische, politische und religiöse Lehrsätze bzw. Lebensregeln darstellen, entwickelt er sich im Zuge von Renaissance und Aufklärung vor allem bei den britischen Empiristen (Francis Bacon) und den französischen Moralisten (François de La Rochefoucauld) zu einer selbstbewussten literarisch-philosophischen Form, derer sich seit der Goethezeit auch vermehrt deutschsprachige Dichter und Denker bedienen, wie diese Blütenlese exemplarisch dokumentiert.

Womit wir bei der hiesigen Anthologie wären: Sie lässt sich nicht anders als eine eigenwillige Auswahl des Herausgebers bezeichnen. Ich habe die Entscheidung für diese 36 Autoren und ihre je 12 Aphorismen getroffen, weil sie mich auf diese oder jene Weise getroffen haben. Das schließt – so meine ich – in diesem Fall jedoch nicht aus, dass damit zugleich ein historischer Längs- und thematischer Querschnitt vorliegt, der nicht ganz ohne repräsentativen Wert ist. Denn ausgehend von Lichtenbergs *Sudelbüchern* und Goethes *Maximen und Reflexionen* bis hin zu Aphorismen zeitgenössischer Autoren entfaltet sich eine motivische und stilistische Vielfalt, die jenseits der subjektiven Auswahl nicht minder sinnfällig ist. Dass Aphorismen gleichfalls verdichten und auflösen, behaupten und bezweifeln, andeuten und ausführen, erzählen und begründen – all das lässt sich dabei facettenreich beobachten.

Nicht alle Aphorismen, die hier aufgenommen sind, wurden von den Autoren so betitelt, während einige, die zwar diesen Namen tragen, seinen spezifischen Anforderungen aber nicht genügen, hier trotz ihrer Schönheit fehlen (etwa Schopenhauers *Aphorismen zur Lebensweisheit*). Was die versammelten Texte eint, ist demzufolge kein nominelles aphoristisches Bekenntnis, sondern die Intention der Autoren, diese Sätze bzw. Worte als eigenständige Werke zu vertreten. Das heißt wiederum nicht, dass voluminösere Werke nicht ebenfalls aphoristisch geschliffene Perlen beinhalten können, die ihrerseits oftmals als Zitate Karriere machen. Doch bleiben auch solche Aphorismen zweiter Hand in dieser Auswahl unberücksichtigt. Rechtschreibung und Zeichensetzung sind in der vorliegenden Sammlung behutsam modernisiert, offensichtliche Druckfehler stillschweigend getilgt. Wer es genauer wissen will, der kann entsprechend recherchieren, denn dank der Textnachweise ist die Vorlage jedes einzelnen Aphorismus eindeutig ersichtlich.

Womit wir schließlich beim Leser wären: Aphorismen muten ihm zu, dass sie nicht mehr und nicht weniger als eine Initialzündung sind. Wenn der Leser nicht bereit ist, daraus Funken zu schlagen, wird der aphoristische Geistesblitz ausbleiben. Aphorismen sind prägnante Gebilde, deren Sinn der Leser immer wieder neu auszutragen, ja zu gebären hat. Sosehr dies freilich für jeden literarischen bzw. philosophischen Text gilt, so außerordentlich wird dies angesichts des Aphorismus deutlich. Er zerfällt buchstäblich in nichts, wenn wir ihm nicht kraft unseres »Verständniswillens« (Christian Morgenstern) irgendetwas abgewinnen. Anders gesagt: Wenn ein Aphorismus als solcher vollkommen ist, dann ist er ganz genau halbfertig. Er ist für seinen Leser bereit.

Philip Kovce

Textnachweise

Elazar Benyoëtz (*1937)

Einsprüche, Gotthold Müller Verlag, München 1973, S. 14, 33.
Einsätze, Gotthold Müller Verlag, München 1975, S. 12.
Worthaltung. Sätze und Gegensätze, Carl Hanser Verlag, München, Wien 1977, S. 13.
Eingeholt. Neue Einsätze, Carl Hanser Verlag, München, Wien 1979, S. 25, 36, 69.
Vielleicht – Vielschwer. Aphorismen, Carl Hanser Verlag, München, Wien 1981, S. 11 (»Aphorismen über Aphorismen«), 22.
Die Zukunft sitzt uns im Nacken, Carl Hanser Verlag, München, Wien 2000, S. 27, 70, 187.
Der Mensch besteht von Fall zu Fall. Aphorismen. Mit einem Nachwort von Friedemann Spicker, Reclam Verlag, Stuttgart 2009, S. 16.

Stefan Brotbeck (*1962)

Dir gehört nur, was du geben kannst. Aphorismen, Pforte Verlag, Dornach 2004, S. 12, 16, 18, 28, 51, 52, 54 (»Aphorismen über Aphorismen«), 71.
Heute wird nie gewesen sein. Aphorismen, Futurum Verlag, Basel 2011, S. 17, 37, 42, 124, 149.

Elias Canetti (1905-1994)

Die Provinz des Menschen. Aufzeichnungen 1942-1972, Fischer Taschenbuch Verlag, Frankfurt am Main 1979, S. 41, 42 (»Aphoris-

men über Aphorismen«), 89, 137, 150, 155, 173, 177, 230. © 1973 Carl Hanser Verlag GmbH & Co. KG, München.
Das Geheimherz der Uhr. Aufzeichnungen 1973-1985, Fischer Taschenbuch Verlag, Frankfurt am Main 1999, S. 65, 108, 121, 146. © 1987 Carl Hanser Verlag GmbH & Co. KG, München.

Franz Josef Czernin (*1952)

die aphorismen. eine einführung in die mechanik. 8 Bde. Zzgl. Registerband, Sonderzahl Verlag, Wien 1992, Bd. 1/S. 36, 2/101, 3/32, 4/32, 4/95, 5/90, 6/32, 6/113, 7/35, 7/115.
das labyrinth erst erfindet den roten faden. einführung in die organik, © 2005 Carl Hanser Verlag GmbH & Co. KG, München, S. 13, 74.

Marie von Ebner-Eschenbach (1830-1916)

Aphorismen. Mit einem Nachwort von Karl Krolow, Insel Verlag Berlin 2013, S. 5 (»Aphorismen über Aphorismen«), 7, 10, 17, 26, 29, 36, 53, 54, 57, 68, 74, 75.

Herbert Eisenreich (1925-1986)

Groschenweisheiten. Aus dem Zettelkram eines Sophisten. Ausgewählt und herausgegeben von Christine Fritsch, Stieglitz Verlag, Mühlacker, Irdning 1985, S. 5 (»Aphorismen über Aphorismen«), 9, 22, 43, 117.
Der alte Adam. Aus dem Zettelkram eines Sophisten. Ausgewählt und herausgegeben von Christine Fritsch, Stieglitz Verlag, Mühlacker, Irdning 1985, S. 11, 13, 23, 28, 97, 98.
Memoiren des Kopfes. Aus dem Zettelkram eines Sophisten. Ausgewählt und herausgegeben von Christine Fritsch, Stieglitz Verlag, Mühlacker, Irdning 1986, S. 59, 96.

Johann Wolfgang Goethe (1749-1832)

Maximen und Reflexionen. Text der Ausgabe von 1907 mit den Erläuterungen und der Einleitung Max Heckers. Nachwort von Isabella Kuhn, Insel Verlag Frankfurt am Main 1976, S. 27, 35, 36, 39, 55, 56, 66, 104, 107, 140, 159, 167.

Tobias Grüterich (*1978)

Verdiente Ungerechtigkeiten. 101 Aphorismen, © edition AZUR, Jena 2005, S. 7, 8, 17.

Harte Kerne. Aphorismen und Notate, © edition AZUR, Dresden 2009, S. 9, 24, 30, 46, 66, 76, 90, 95, 108 (»Aphorismen über Aphorismen«), 119.

Friedrich Hebbel (1813-1863)

Sämtliche Werke. Historisch-kritische Ausgabe besorgt von Richard Maria Werner. Abt. 2, Bd. 1-4: Tagebücher, Behrs Verlag, Berlin 1903-1905, Bd. 1/S. 30, 1/33, 1/177, 1/186, 1/233 (2x), 1/272, 2/65, 2/110, 2/153, 4/91, 4/333.

Hugo von Hofmannsthal (1874-1929)

Buch der Freunde. Mit Quellennachweisen herausgegeben von Ernst Zinn, Insel Verlag Frankfurt am Main 1965, S. 5, 7, 8, 27, 30, 32, 36, 42, 46, 51, 60, 68.

Ludwig Hohl (1904-1980)

Die Notizen oder Von der unvoreiligen Versöhnung, Suhrkamp Verlag Frankfurt am Main 1984, S. 34, 36, 50, 108, 143, 149, 174, 744, 761, 793.

Nuancen und Details, Suhrkamp Verlag Berlin 2014, S. 49, 105.

Jean Paul (1763-1825)

Ideen-Gewimmel. Texte und Aufzeichnungen aus dem unveröffentlichten Nachlass herausgegeben von Thomas Wirtz und Kurt Wölfel, Deutscher Taschenbuch Verlag, München 2000, S. 70 (2x), 78, 93, 128, 135, 140, 170, 171, 199, 232, 242.

Friedrich Georg Jünger (1898-1977)

Gedanken und Merkzeichen, © Verlag Vittorio Klostermann, Frankfurt am Main 1949, S. 19, 20 (2x), 31, 34, 42, 51 (2x), 74, 79, 88, 89.

Franz Kafka (1883-1924)

Die Zürauer Aphorismen. Herausgegeben und mit einem Nachwort versehen von Roberto Calasso, Suhrkamp Verlag Frankfurt am Main 2006, S. 13, 14, 19, 26, 29, 32, 33, 39, 63, 83, 87, 103.

Karl Kraus (1874-1936)

Schriften. Herausgegeben von Christian Wagenknecht. Bd. 8: Aphorismen, Suhrkamp Verlag Frankfurt am Main 1986, S. 95, 111 (2x), 131, 161 (»Aphorismen über Aphorismen«), 167, 168, 224, 274, 291, 292, 328, 452.

Hans Kudszus (1901-1977)

Jaworte, Neinworte. Aphorismen. Mit einer Einführung von Dieter Hildebrandt, Suhrkamp Verlag Frankfurt am Main 1970, S. 15 (2x; 1x »Aphorismen über Aphorismen«), 25, 28, 31, 54, 77, 78, 89, 90, 94, 95, 96.

Gabriel Laub (1928-1998)

Denken verdirbt den Charakter. Alle Aphorismen, © 1984 Carl Hanser Verlag GmbH & Co. KG, München, S. 7 (»Aphorismen über Aphorismen«), 25, 27, 33, 34, 37, 46, 51, 126, 127, 139, 142, 184.

Georg Christoph Lichtenberg (1742-1799)

Sudelbücher. Kritische Gesamtausgabe. Herausgegeben von Wolfgang Promies. Bd. 1: Sudelbücher I. Bd. 2: Sudelbücher II, Materialhefte, Tagebücher. Bd. 3: Register zu den Sudelbüchern I und II. Deutscher Taschenbuch Verlag, München 2005, Bd. 1/S. 145, 1/182, 1/186, 1/269, 1/321, 1/521, 1/729, 1/763, 1/764, 1/852, 2/166, 2/181.

Rainer Malkowski (1939-2003)

Aphorismen und kleine Prosa. Herausgegeben und mit einem Nachwort von Michael Krüger, Wallstein Verlag, Göttingen 2013, S. 7, 8, 10, 11, 14, 19, 20, 22, 25, 37 (2x), 42.

Rosa Mayreder (1858-1938)

Gaben des Erlebens. Sprüche und Betrachtungen, Darmstädter Verlag, Darmstadt 1935, S. 5, 6, 11, 19 (2x), 31, 39, 45, 50, 81, 83, 91.

Christian Morgenstern (1871-1914)

Werke und Briefe. Stuttgarter Ausgabe. Unter der Leitung von Reinhardt Habel herausgegeben von Maurice Cureau, Helmut Gumtau, Martin Kießig, Ernst Kretschmer und Marie-Louise Zeuch. Bd. V: Aphorismen, Verlag Urachhaus, Stuttgart 1987, S. 77, 113, 195, 211, 230, 240, 269, 275, 288, 300, 334, 360.

Hans Albrecht Moser (1882-1978)

Die Komödie des Lebens, Amalthea Verlag, Wien 1926, S. 18, 22, 23, 33, 77, 88, 93, 138 (»Aphorismen über Aphorismen«), 253, 270, 276, 331, 345.

Friedrich Nietzsche (1844-1900)

Kritische Studienausgabe. Herausgegeben von Giorgio Colli und Mazzino Montinari. Bd. 2: Menschliches, Allzumenschliches. Bd. 3: Morgenröte - Idyllen aus Messina - Die fröhliche Wissenschaft. Bd. 5: Jenseits von Gut und Böse - Zur Genealogie der Moral, Deutscher Taschenbuch Verlag, München 1999, Bd. 2/ S. 84, 2/87, 2/331, 2/530, 2/577, 2/642, 3/198, 3/271, 3/517, 3/519, 5/99 (2x).

Novalis (1772-1801)

Aphorismen. Herausgegeben von Michael Brucker, Insel Verlag Frankfurt am Main und Leipzig 1992, S. 11, 12, 13, 21, 23 (2x), 97, 109, 124, 128, 131 (2x).

Friedrich Schlegel (1772-1829)

»Ideen«, in: *Athenaeum. Eine Zeitschrift von August Wilhelm Schlegel und Friedrich Schlegel* 3 (1800), S. 4-33, hier: S. 4, 5, 6, 7, 8 (2x), 17 (2x), 21, 24, 27 (2x).

Arthur Schnitzler (1862-1931)

Aphorismen und Betrachtungen. Herausgegeben von Robert O. Weiss. Bd. 1: Buch der Sprüche und Bedenken. Aphorismen und Fragmente. Bd. 2: Der Geist im Wort und der Geist in der Tat. Bemerkungen und Aufzeichnungen, Fischer Taschenbuch Verlag, Frankfurt am Main 1993, Bd. 1/S. 33, 1/42, 1/55 (3x), 1/117, 1/118, 1/131, 2/127, 2/160, 2/205, 2/210.

Martin Seel (*1954)

Theorien, S. Fischer Verlag, Frankfurt am Main 2009, S. 6, 34, 36, 62, 67, 109, 122, 191, 194, 201, 219.

Nicht recht haben wollen. Gedankenspiele, S. Fischer Verlag, Frankfurt am Main 2018, S. 121.

Johann Gottfried Seume (1763-1810)

Apokryphen. Mit einem Essay von Hermann Schweppenhäuser,

Insel Verlag Frankfurt am Main 1966, S. 9 (2x), 13, 41, 45, 50, 52, 60, 83, 103, 105, 109.

Peter Sloterdijk (*1947)

Zeilen und Tage. Notizen 2008-2011, Suhrkamp Verlag, Berlin 2012, S. 72, 113, 139, 184, 260, 265, 349, 577.
Neue Zeilen und Tage. Notizen 2011-2013, Suhrkamp Verlag, Berlin 2018, S. 220, 253, 379, 392.

Andreas Steffens (*1957)

Petits Fours. Aphorismen. Mit einem Nachwort von Friedemann Spicker, © Andreas Steffens & NordPark Verlag, Wuppertal 2009, S. 8, 11, 12, 13, 14 (2x), 16, 20, 21, 27 (»Aphorismen über Aphorismen«), 29, 31, 34.

Botho Strauß (*1944)

Die Fehler des Kopisten, Carl Hanser Verlag, München, Wien 1997, S. 102, 146, 175.
Der Untenstehende auf Zehenspitzen, Carl Hanser Verlag, München, Wien 2004, S. 33, 42, 101.
Der Fortführer, Copyright © 2018 Rowohlt Verlag GmbH, Reinbek bei Hamburg, S. 17, 37, 99, 129, 194 (2x).

Kurt Tucholsky (1890-1935)

Sudelbuch, Rowohlt Verlag, Reinbek bei Hamburg 1993, S. 36, 37, 40, 49, 63, 72, 73, 85, 89 (2x).
Schnipsel. Herausgegeben von Wolfgang Hering und Hartmut Urban, Rowohlt Verlag, Reinbek bei Hamburg 1995, S. 274, 284.

Rahel Varnhagen von Ense (1771-1833)

Gesammelte Werke. 10 Bde. Herausgegeben von Konrad Feilchenfeld, Uwe Schweikert und Rahel E. Steiner, Verlag Matthes & Seitz, München 1983, Bd. 1/S. 192, 1/193, 1/260, 1/317, 1/488, 2/314, 2/368 (2x), 3/45, 3/130, 3/203, 9/28.

Martin Walser (*1927)

Meßmers Gedanken, Suhrkamp Verlag Frankfurt am Main 1992, S. 35 (2x), 76, 77.

Meßmers Reisen, Suhrkamp Verlag Berlin 2013, S. 7, 15, 48, 50, 117, 132.

Meßmers Momente, Copyright © 2013 Rowohlt Verlag GmbH, Reinbek bei Hamburg, S. 42, 92.

Jacques Wirion (*1944)

Saetzlinge. 333 Stücke. Aphorismen, Éditions Phi, Echternach 1993, S. 7, 12, 26, 27, 31, 60, 69, 81 (»Aphorismen über Aphorismen«).

Hirnflöhe. Aphorismen, Éditions Phi, Esch an der Alzette 2006, S. 10, 28, 43, 45, 71.

Ludwig Wittgenstein (1889-1951)

Werkausgabe. Bd. 8: Bemerkungen über die Farben - Über Gewissheit - Zettel - Vermische Bemerkungen, Suhrkamp Verlag Frankfurt am Main 1984, S. 330, 346, 416, 434, 436, 451, 454, 471, 475, 481, 513, 538.

Inhalt

Zum Herausgeber

Philip Kovce, geboren 1986, forscht am Basler Philosophicum sowie an der Seniorprofessur für Wirtschaft und Philosophie der Universität Witten/Herdecke. Er veröffentlichte Aphorismen in Tages- und Wochenzeitungen, Zeitschriften und Anthologien sowie zwei Aphorismenbände: *Der freie Fall des Menschen ist der Einzelfall. Aphorismen* (2015); *ICH SETZE ICH-SÄTZE. Egoismen* (2016).

Bezugspapier mit Abbildungen von Maria Sibylla Merian. Gesetzt in der Schrift Utopia Std. Gedruckt auf holzfreies, alterungsbeständiges Werkdruckpapier der Firma Cordier, Bad Dürkheim, vom Druckhaus Nomos, Sinzheim. Gebunden in Fadenheftung von der Josef Spinner Großbuchbinderei GmbH, Ottersweier. Printed in Germany.
ISBN 978-3-458-19461-3